AF247781

OBSERVATIONS

SUR LE RAPPORT FAIT, EN 1836,

A LA CHAMBRE DES DÉPUTÉS,

D'UNE

PROPOSITION CONCERNANT LE REMBOURSEMENT OU LA
RÉDUCTION DE LA RENTE :

ET QUELQUES VUES SUR LA LIQUIDATION DE LA DETTE PUPLIQUE,

PAR LE DUC DE GAËTE.

PARIS,

IMPRIMERIE CH. THOMAS, RUE LOUIS-LE-GRAND.

1836.

OBSERVATIONS

SUR LE RAPPORT FAIT, EN 1836,

A LA CHAMBRE DES DÉPUTÉS,

D'UNE PROPOSITION CONCERNANT LE REMBOURSEMENT
OU LA RÉDUCTION DE LA RENTE :

ET QUELQUES VUES SUR LA LIQUIDATION DE LA DETTE
PUBLIQUE.

———————

Ament meminisse periti !

Le suffrage que des amis éclairés ont accordé à mes divers écrits sur notre dette publique, m'encourage à appuyer les dernières considérations que j'ai publiées, de quelques réflexions sur le rapport fait, à ce sujet, en 1836, à la Chambre des Députés, et sur divers points de la discussion à laquelle il a donné lieu. Quelque défavorable qu'en ait été l'événement pour la doctrine que j'ai constamment défendue, j'ai pu, du moins, me persuader que *la véritable question* à résoudre, ayant été écartée, sans qu'elle eût été, même, éclaircie, dans cette discussion, les embarras, trop faciles à pressentir, de l'exécution du nouveau système qui a semblé prévaloir, pourraient, plus tard, par la force des choses et par le bénéfice du temps, ramener aux idées sur lesquelles une longue préoccupation a jeté de la défaveur.

La manière dont la Chambre des Pairs s'est prononcée, à l'occasion de l'article 6 de la loi des recettes de 1837, dans sa séance du 7 juillet 1836, où cet article a été combattu par le principe (*de nouveau proclamé, avec l'assentiment général*), de *l'inviolabilité* des engagemens pris avec nos créanciers, a dû, aussi, fortifier mes espérances. C'est, par ce principe, que, en 1824, la Chambre avait rejeté la loi qui autorisait le remboursement de la rente de 5 fr. ou sa réduction d'un 5me. Or, la proposition annoncée, dans la dernière session, pour la session suivante, n'offrant d'autre différence qu'une diminution *de moitié* dans le *taux* de la réduction, il n'en résulterait aucun changement *au fond* de l'acte législatif non adopté, il y a douze ans; et l'on n'a point oublié la faveur avec laquelle cette détermination fut accueillie, dans le temps, par l'opinion publique. Doit-on présumer qu'elle pût se démentir, lorsque la mesure, dont il s'agit, ne se lierait pas plus que la première fois, au système *d'extinction graduelle de la dette, sous la foi duquel nos emprunts ont été contractés* ?

J'ai dit que la question à résoudre n'avait reçu aucun éclaircissement, dans la dernière session de la Chambre élective.

Et, en effet, personne, que je sache, n'avait jamais eu la folie de contester que le débiteur d'une rente *constituée* eût le droit de s'en libérer par la restitution du capital emprunté; ni, que le même droit eût appartenu à l'État, *pour l'ancienne rente perpétuelle;* (quoique l'histoire ne nous ait point appris qu'il en eût jamais pu faire usage, si ce n'est, peut-être, pour des sommes insignifiantes); et c'est tout ce que l'on s'est occupé de prouver, surabondamment, dans un rapport, rédigé d'ailleurs avec talent.

Mais, je le répète, la véritable question reste tout entière. Elle consiste toujours à savoir *si l'État peut, sans violer la foi promise, substituer, d'autorité, un ancien mode de libération, que ne comporte point la nature d'une dette nouvelle, à celui consacré par une clause spéciale du contrat;* .

Et, subsidiairement, s'il a *intérêt* d'agir, ainsi, lorsque cette innovation impliquerait avec l'intention exprimée par la loi constitutive de nos emprunts, d'obtenir, avec le temps, l'affranchissement absolu que le nouveau mode qu'elle prescrit *aurait assuré*, et qui ne pourrait l'être, ni par des *réductions*, ni par des *rembour- semens* opérés *à l'aide de nouveaux emprunts*.

Je ferai, d'abord, observer que l'on ne pourrait, sans se refuser à l'évidence, ne pas juger que, la forme de nos négocia- tions n'ayant point admis l'*expression d'un capital*, le remboursement *ordinaire* ne leur était point applicable.

Cependant, il avait fallu, dans le prin- cipe, *pour déterminer la confiance*, pourvoir à l'extinction successive de *la rente*, *d'une quotité fixe, qui devait être négociée*, et l'amor- tissement, *régulièrement constitué*, fut gé- néralement reconnu pour le seul procédé par lequel cet objet essentiel pût être cer- tainement accompli.

A cet égard, les choses n'ont point changé.

Il est incontestable que, si le *cours* ne s'était jamais élevé au-dessus de 100 fr., malgré l'action de l'amortissement, on n'aurait pas même eu la pensée d'interrompre sa marche. C'est ce qui résulte clairement de la loi de 1825, qui n'interdit le rachat que sur des fonds publics *au-dessus du pair*. Notre amortissement, loin d'être attaqué par cette disposition, s'est trouvé, au contraire, positivement confirmé par la faculté qui lui était conservée d'agir, *même au cours de* 100 *francs;* et l'article 6 de celle de 1833 s'explique dans le même sens.

La *première* a donc seulement rempli, du consentement *tacite* des créanciers (puisqu'aucune réclamation ne s'est fait entendre), une première lacune que la loi de 1817 n'eût sûrement pas présentée, s'il avait été naturel, dans l'état où était le crédit de la France, de se flatter de tout le succès dont le système qu'elle établissait devait être suivi, et surtout, dans un court intervalle, lorsque l'on espérait, à peine, recevoir, des prêteurs, 5o fr. *pour* 5 fr. *de rente !*

Une seconde lacune existait encore, et son effet eût été de *perpétuer* la dette que la loi avait eu l'intention d'*éteindre*, avec le temps, si, cette valeur s'étant trouvée, à une époque quelconque, *définitivement classée*, il ne s'en était plus présenté aucune au rachat.

La prévision, en 1817, de cette double chance, aurait nécessairement conduit à régler la marche à suivre pour maintenir, dans l'une ou l'autre supposition, en conciliant l'intérêt légitime de l'État et celui des créanciers (qui, sous ce rapport, se confondent), l'action de l'amortissement, dont *la continuité non interrompue* était une condition *forcée* du bienfait que l'on devait en attendre.

Il eut été conséquent, alors, d'ordonner, pour les deux cas prévus, comme je l'ai proposé, de nouveau, dans mon dernier

écrit, *l'appel, par la voie du sort*, à un rachat *obligé*, même, au taux de 100 francs,
(si, dans l'hypothèse d'un *classement définitif*, le dernier *cours* s'était élevé jusque
là), d'une masse de rentes *double* de celle
correspondant au capital resté, sans emploi, à la Caisse d'Amortissent, afin de
ménager, d'autant plus, les convenances
des créanciers, en ne faisant porter, d'a-
bord, le rachat que sur *la. moitié* de chaque rente, sans diminuer, toutefois, la
quantité de celles qui devraient être annuellement amorties : et, certes, on n'aurait pas eu à craindre d'éloigner les capitalistes par la perspective d'un rachat,
sur le pied même de 100 francs, d'un *effet
public* qui ne pouvait être négocié, dans
ces temps malheureux, qu'avec le plus
grand désavantage.

Ce qu'une imprévoyance, facile à justifier, avait fait négliger, en 1817, la
simple raison l'eût conseillé, en 1824, où

l'élévation rapide et continuelle des fonds en donnait l'utile avertissement; et il y a eu, en 1825, *au moins*, une véritable inconséquence, en maintenant à l'amortissement la faculté de racheter *jusqu'au pair*, à ne pas profiter de la facilité que l'on avait d'entretenir la continuité *nécessaire* de son action, dans tous les cas, sans que personne eût à s'en plaindre.

C'était compromettre, sans motif plausible, le *droit de libération* qui a donné lieu, depuis douze ans, à tant de débats, et dont on a cru trouver la garantie dans un nouveau système dont l'insuffisance est, aujourd'hui, hautement reconnue, dans le pays même où l'on en a puisé, peut-être un peu légèrement, l'exemple. Les révélations qui nous en parviennent l'attestent. Voici ce que l'on trouve dans un article d'un ouvrage périodique anglais traduit dans le tome 1er (4me série) de la *Revue Britannique.*

« De quelque parti que l'on soit, on est
» obligé de convenir que ce qu'il y a de
» plus menaçant pour l'Angleterre actuelle,
» ce ne sont point ses élans de radica-
» lisme, ni la force de l'aristocratie qui s'en
» va. Le plus gigantesque empire qui se
» soit formé et ait étonné le monde, depuis
» l'époque des triomphes de Rome, lutte
» avec peine contre une affection chroni-
» que qui s'est introduite lentement dans
» son organisme, *et qui menace aujourd'hui*
» *de le détruire* . . . .
» . . . .

» Le système de l'amortisement avait
» été conçu par les hommes les plus éclai-
» rés du pays, qui croyaient, de bonne foi,
» qu'ils diminuaient la dette publique,
» tandis qu'ils ne maintenaient leur fonds
» d'amortissement *qu'au moyen des emprunts*
» *qu'ils contractaient.* »

Voilà donc, de l'aveu du pays même,
la véritable cause du décri dans lequel

l'amortissement a fini, avec tant de raison, par tomber en Angleterre; et si quelque chose doit étonner, c'est, comme je l'ai déjà dit, que chez une nation aussi éclairée, *le vice radical* d'une organisation dont les vrais principes n'ont pourtant rien de mystérieux, n'ait pas été aperçu plustôt.

« Au moment de notre triomphe défi-
» nitif (en 1815) plus d'un patriote sincère
» s'effrayait en pensant que ce succès avait
» été acheté au prix d'une dette de 800
» millions sterling, (20 milliards fr.) en
» capital, dont l'intérêt annuel s'élevait à
» 32 millions sterling, (800 millions de fr.)
» telle était notre position, à la fin de l'an-
» née que signalèrent les succcès de Wa-
» terloo !

« Les réductions qui ont été faites, *dans*
» *les vingt années écoulées* depuis cette épo-
» que, jusqu'à concurrence de 105,449,375
» fr., laissèrent encore subsister le ser-

» vice des intérêts, *au* 10 *octobre* 1835,
» pour la somme de 27,782,345 livres ster-
» ling, (694,554,625, fr.), *non compris*
» *les annuités.*

Ce document paraît propre à fixer les opinions sur les espérances que l'on conçoit, chez nos voisins eux-mêmes, du plan que l'on voudrait leur emprunter.

Il n'entre point, au surplus, dans mon sujet et il ne m'appartient pas, d'ailleurs, de présager les suites de cette situation, dans un pays dont les ressources pour faire honneur, *en tout temps*, à de tels engagemens, ne me sont pas connues.

Je dirai seulement, en général, que l'on ne pourrait parvenir à une libération complète, *par le procédé des réductions,* qu'autant qu'elles frapperaient, tout à la fois, le *capital* et l'*intérêt*, et que celui-ci pourrait être amené, sans obstacle, à un affaiblissement tel, qu'il finît par rendre le remboursement effectif du premier, sans difficulté, par la grande diminution qu'il aurait successivement éprouvée. Ce ne serait effectivement qu'alors, que la dette se trouverait, non, *acquittée;* mais, *éteinte, par la disparition entière du capital.*

Mais il n'est pas besoin de dire que le simple bon sens se refuse à l'idée d'une aussi extravagante combinaison.

Il semble donc démontré:

Premièrement, que nous ne pouvons être loyalement délivrés d'une dette aussi considérable que la nôtre, (quoique, *bien dirigée,* elle ne doive pas nous causer d'inquiétudes sérieuses), que par l'intervention de l'amortissement *convenablement organisé,* qui éteint, tout ensemble, et le *capital* et la *rente, sans préjudicier à aucun intérêt;* tandis que la simple *réduction,* indépendamment de ce que sa base, (le taux présumé de *l'intérêt* dans le pays), aurait d'*arbitraire* et d'*incertain,* ne pourrait, de même que des remboursemens fondés sur de *nouveaux emprunts*, qu'*éterniser*, au grand préjudice des contribuables, des créanciers et de l'Etat lui-même, le *capital tout entier* et la rente *réduite*;

Secondement, qu'il nous est facile de maintenir l'action de notre amortissement, aussi longtemps qu'il le faudrait, dans la limite qui lui est fixée par la loi de 1825 elle-même, qu'il est surprenant que l'on ait cru pouvoir lui opposer sérieusement.

On peut, au reste, se convaincre par la discussion qui a lieu, à la Chambre des Députés, dans sa dernière session, et par les *antécédens*, que l'ensemble de notre système et l'esprit dans lequel il a été constitué, ne sont pas encore généralement bien connus.

Un orateur, dont personne né contestera la supériorité, à laquelle je me plais à rendre hommage, l'a considéré comme *utile*, uniquement jusqu'à ce que la rente

soit montée *au pair.* « Alors, il lui paraît
» n'être plus qu'un fardeau *inutile pour les*
» *contribuables.* C'est, dit-il, le moment
» d'entrer dans le système de *réduction de*
» *la dette.* »

Je ferai, d'abord, remarquer que cette
déduction semblerait supposer :

D'une part, que l'*intérêt des débiteurs*
pourrait, *devrait* même, être, ici, *exclusive-*
ment consulté, sans que l'on eût à tenir
aucun compte *des droits acquis aux créan-*
ciers; ce que l'on n'a certainement pas
voulu dire : car il ne serait pas aisé d'a-
percevoir où l'application d'un tel principe pourrait s'arrêter, et il ne serait pas
juste de presser trop rigoureusement les
conséquences d'une improvisation que le
plus beau talent ne peut pas toujours pré-
server de quelques écarts de l'imagination qui l'inspire;

D'autre part, qu'il n'existerait *aucun*
engagement avec notre amortissement; de

sorte qu'il ne s'agirait aujourd'hui, que d'une discussion *purement théorique.*

Or, on sait que tel n'est pas l'état des choses, et que *la foi publique est très réellement engagée* par la lettre même de la loi. C'est parce que l'on en a méconnu l'autorité, que de très bons esprits ont pu se persuader, depuis douze ans, que l'État avait le droit de soumettre sa dette à une direction nouvelle, en écartant la condition sous laquelle elle avait été consentie; tandis que, dans la réalité, il ne pouvait être *régulièrement* question que de mettre, comme on pouvait le faire sans la moindre difficulté, le système existant en harmonie avec la modification résultant de la loi du 1er mai 1825, qui ne permettait plus à l'amortissement d'agir sur les fonds publics *au-dessus du pair.*

Mais, sans m'arrêter, pour le moment, à ces remarques, quelle qu'en soit la gravité, je me bornerai à dire que le but de cette institution a, dans notre situation particulière, une tout autre portée que celle à laquelle on prétend la réduire.

Elle a été réorganisée, en 1816, dans la vue 1° de ressusciter *le crédit* dont l'appui nous devenait indispensable pour sauver *l'existence même* de la France;

2° De satifaire *au besoin*, dont j'ai parlé plus haut, d'assigner, dans l'intérêt pressant de cette renaissance, un terme à une dette dont *la nature* et *l'importance* ne devaient jamais permettre d'y appliquer un remboursement *ordinaire*.

C'est *un fait* qui peut être inaperçu ou dissimulé, mais que l'on tenterait vainement d'attaquer de *front*.

3° De préparer à l'État, pendant toute la durée d'une aussi longue, opération, *sans augmenter les charges publiques*, une ressource sûre et prompte, dans une circonstance extraordinaire, *par l'annulation légale* d'une partie des rentes *rachetées;*

d'adoucir, aussi, en cas de nécessité, par le même procédé, le sort des contribuables, sans préjudicier ni aux droits des créanciers, ni à celui légitime de *l'avenir*, auquel on ne reporterait, en prolongeant, ainsi, la dette, par la diminution du fonds d'amortissement, que la portion du fardeau que le *présent* n'aurait pu supporter sans trop de gêne, et en lui transmettant, en même temps, un instrument propre à opérer sa libération entière, à une époque déterminée;

4° De former, dans ces vues diverses, une sorte de Caisse *d'épargnes*, dont les opérations feraient tourner au profit de *l'extinction de la dette* une forte partie des sommes que, *sans l'intervention* de cet établissement, les contribuables auraient payées, *en pure perte*, aux créanciers, *qui les auraient consommées, sans que rien eût été changé à la position des débiteurs;* tandis que, par cet heureux artifice, la dotation de trente-deux millions, versée annuellement à la Caisse d'Amortissement et réunie au produit de ses rachats, éteindrait, en trente ans, conformément au tableau que j'ai produit dans mon dernier écrit, pour cent millions de rentes de 5 francs au capital de deux milliards, avec une économie réelle pour les contribuables, sans aucun dommage pour les créanciers, de plus d'un milliard, sur ce qu'aurait coûté, à la même époque, le *remboursement*, s'il eût été possible, de ce même capital *au pair*.

On peut voir, par ces explications, que l'institution, *qui nous est propre*, n'a point été, comme on a paru le croire, une imitation *servile* ou mal habilement conçue, de ce qui s'était fait ailleurs. Il faut donc, pour en juger sainement, se livrer, sans prévention, à l'examen des ressorts et du jeu d'une organisation appropriée, par des hommes que l'on n'a jamais accusés d'ignorance ou d'incapacité, aux convenances et aux besoins du pays, qui, à cet égard, resteront longtemps les mêmes.

On connaît les causes qui l'ont bouleversée, en 1824 et 1825, où elle fut arrêtée, tout-à-coup, dans sa marche. On se rappelle, aussi, comment, au milieu des déclamations, les unes *irréfléchies*, d'autres *intéressées*, dont elle a été, depuis, continuellement l'objet, on a multiplié, de toutes parts, les calculs pour prouver son *impuissance prétendue;* sans que l'on parût s'être aperçus des fautes qui avaient altéré sa constitution, qu'il eût, au contraire, fallu s'occuper de remettre en vigueur, comme il sera facile encore de le faire, en établissant, *par un fonds de réserve suffisant,* un équilibre *permanent* dans le budget, sans qu'aucune augmentation d'impôt soit nécessaire.

Ne perdons donc plus de vue que notre dette est, quoi qu'on ait pu dire, *irrévocablement* soumise à l'action de notre amortissement par des lois dont il ne nous est permis de nous écarter , sous aucun prétexte; et reconnaissons , de bonne foi, que nous n'avons qu'à nous féliciter de l'obstacle qu'elles opposent à des idées nouvelles, dont nous n'aurions à attendre, comme nous le verrons plus bas, ni, honneur, ni, profit.

Espérons, aussi, qu'à l'avenir, on ne recourra à l'emprunt, au moins pour des dépenses *improductives*, que pour subvenir à des besoins *extraordinaires* et *momentanés*, créés par *une force majeure*, qui dépasseraient tout ce que l'on pourrait raisonnablement demander à l'impôt; car ce n'est, je le répète, que par de tels motifs, qu'un gouvernement paternel et prévoyant peut s'absoudre de l'usage d'un expédient auquel on peut toujours reprocher d'augmenter, pour un long temps, les charges des peuples.

Il entraînerait des maux plus graves, si l'on ne s'attachait pas, dès le principe, à préparer *l'extinction* du capital d'un emprunt, à une époque quelconque. Car le *capital* étant *l'auteur* de la rente, elle ne peut disparaître *qu'avec lui*. Or, il est clair que, si, après que, dans un autre système, *le palliatif des réductions aurait été épuisé*, la dépense de la rente *réduite* se trouvait encore excéder les forces du pays, il ne pourrait plus échapper aux conséquences incalculables de l'imprévoyance de son gouvernement. C'est parce que ces considérations si simples avaient été constamment négligées en France, que les contribuables ont fini par payer, si cher, les faveurs, d'abord, si séduisantes du *crédit*, et que l'État lui-même a éprouvé la terrible catastrophe dont beaucoup de ceux qui vivent aujourd'hui ont été les témoins.

Cette manière de voir paraîtra, je le sens, bien *courte* et bien *étroite* aux spéculateurs accoutumés à regarder ce que l'on appelle *les opérations de crédit* comme la source de tout bien ; sans que je veuille en rechercher la raison, pour en faire l'objet d'un reproche personnel à qui que ce soit. Cette façon de traiter les affaires n'a jamais été dans mes habitudes. Aussi n'ai-je vu qu'avec un sentiment pénible, que ceux de nos créanciers dont le concours avait été réclamé *avec tant d'instance, au nom du pays, dans une crise menaçante,* fûssent actuellement, au mépris de toutes les convenances, outrageusement traités par quelques-uns de ceux-là même qui avaient profité, les premiers, dans une si large proportion, des énormes sacrifices que les compagnies financières avaient impoposés au Trésor public (1) : étrange manière, pour le dire en passant, d'encourager de nouveaux capitalistes à prendre part aux opérations que *le remboursement*

---

(1) Voir le *Moniteur* de 1833.

que l'on propose „ou bien *un besoin nouveau* auquel il ne pourrait être satisfait par l'impôt, rendrait indispensables et qui devraient leur attirer, plus tard, un traitement aussi rigoureux !... Car je ne suis pas de ceux qui nient *absolument* l'utilité de l'emploi *du crédit.* Je pense seulement que l'on ne peut s'en servir avec trop de précaution, ni en éviter trop soigneusement l'abus.

Mais, dans la prévision d'une nécessité d'y recourir de nouveau, il convient de ne pas *oublier* que la science de la *spéculation* étant généralement étrangère à la classe de capitalistes qui rachète, *pour les conserver,* des *compagnies financières,* les rentes que le gouvernement leur livre ; ceux-là préfèrent *le certain* à tout autre avantage, et que c'est par conséquent par *le passé* qu'ils préjugent *l'avenir.* Or, ce sont, là, *les véritables prêteurs* dont *les compagnies* sont provisoirement les prête-noms. L'intervention de celles-ci n'en est pas moins commode et utile dans ces sortes d'affaires ; mais c'est aux premiers, qui confient, avec un entier abandon, à la loyauté de *l'État*, la fortune de leurs familles, qu'il importe principalement d'inspirer une entière sécurité ; et elle ne peut se fonder, *pour eux*, que sur *la fidélité gardée aux engagemens antérieurs.*

Nous sommes ainsi, après une digression dans laquelle j'ai été entraîné, malgré moi, naturellement ramenés au principe qui *exclut* la proposition, *rejetée une première fois (cum omnium plausu),* du remboursement tel qu'on le voudrait, ou de la réduction de la rente, *auxquels notre contrat se refuse également.*

A l'égard de la question *subsidiaire,* celle de *l'utilité* prétendue de ces opérations ; que l'on veuille bien mettre en présence les données que je viens de rap-

peler, et celles du nouveau système proposé :

D'un côté, 1° *libération entière*, en trente
ans, d'un capital de deux milliards et
d'une rente de cent millions, au moyen
d'une somme de 960 millions, affectée à l'a-
mortissement, à raison de 32 millions par
an; libération toujours *certaine;* mais, seulement, plus ou moins *reculée* et propor-
tionnellement *plus dispendieuse*, en raison
de la *fréquence de l'annulation des rentes rachetées;*

2° Formation, *sans accroissement des
charges actuelles*, par la suppression d'une
partie des rentes dont la Caisse d'Amortissement est restée propriétaire, d'un
fonds de réserve annuel de vingt millions
pour les dépenses *imprévues* du budget :

De l'autre côté, 1° *perpétuité*, de la rente
réduite qui, dans le cours d'un siècle, aurait coûté aux contribuables, ou huit, ou
six milliards, suivant le point où la ré-

duction se serait arrêtée, et qui les laisserait encore *éternellement* débiteurs, et de cette même rente, et du capital primitif *de deux milliards*;

2° Continuation d'un *découvert*, dans le budget, pour les dépenses imprévues;

Et que l'on juge, avec impartialité, de celui de ces doubles résultats qui serait plus équitablement utile au *présent* et à l'*avenir*!.

Ces développemens, que je n'ai pas eu le talent d'abréger, m'ont paru pouvoir convenablement précéder les observations que l'examen du rapport à la Chambre élective m'a suggérées.

M. le raporteur de 1836 a exposé, avec une grande sagacité, les causes qui ne permettent pas de déterminer *le taux commun de l'intérêt*, en France : je me crois donc d'autant plus autorisé à répéter que *le cours* des fonds publics ne peut réellement servir de base que pour contracter un nouvel emprunt; mais, non, pour fonder *la réduction d'une rente constituée* sur le taux supposé *de l'intérêt*, dans les transactions particulières; pas plus que sur celui des prêts momentanés qui se font au Trésor; ce qui est aussi reconnu par M. le rapporteur lui-même.

Je suis, comme lui, ainsi qu'on a dû le voir, intimement persuadé, que « il doit » être évident, pour tous, que la fidélité » aux engagemens contractés est le meil-»leur de tous les calculs, la plus sûre de » toutes les spéculations. » Mais je ne puis trouver, dans cette maxime incontestable, un argument pour *le droit de rembourse-ment*, ou pour *la réduction*, lorsque l'un ou l'autre violerait également une clause formelle de nos contrats, qui n'admettent que *de rachat* par la Caisse d'Amortissement; parce que les auteurs des lois primitives, en partie, confirmées par celle de 1825, avaient parfaitement compris que *la res-titution (par les propres moyens du débiteur), du capital emprunté*, étant, généralement, là condition indispensable de sa libération *effective*; cette condition ne pourrait jamais être remplie, *en faveur de l'État*, vu le montant de nos engagemens, par aucun autre procédé que celui qu'elles déterminaient.

Il n'est pas facile de concevoir comment on a pu prétendre que *la simple inscription*, (d'ailleurs *non autorisée par la loi*) de la rente *nouvelle*, sur le *grand-livre du 5 p.* %, eût suffi pour opérer une *véritable assimilation* de la première à l'autre; de sorte que celle-là en eût perdu *la nature* qu'elle tenait de son origine! On peut, à la vérité, apprécier la valeur de cette prétention par la manière dont un homme d'État a imaginé de la justifier. « 1 *pour* 5, a t-il dit, et 5 *pour* % *sont la même chose.*» C'est ainsi que s'exprimaient autrefois *les oracles*; mais leur style énigmatique convient-il pour traiter une question dans laquelle on veut sincèrement porter la lumière?... Celle-ci ne peut au surplus donner lieu à aucune incertitude. Il était, sans nul doute, dans l'ordre naturel des choses que la dette ancienne, qui était *la plus faible*, suivît le sort de celle, destinée à devenir beaucoup *plus forte*, avec laquelle elle se trouvait confondue; surtout, lorsque l'extinction *des deux* devait être infailliblement produite par un mode qui remplaçait aussi avantageusement celui auquel *les 5 pour* % avaient été originairement soumis; sans que, toutefois, il eût jamais pu recevoir aucune exécution. Il y avait tout à perdre, pour l'intérêt public, à ce qu'il en fût autrement.

M. le rapporteur a établi, très nettement, que «la disposition de la loi du 1er »mai 1825, qui ne permettait plus à l'a-»mortissement d'agir sur les fonds publics »*au-dessus du pair*, avait suffisamment averti »nos créanciers de la chance qu'ils cou-

» raient d'être obligés de recevoir leur ca-
» pital sur le pied *du pair;* » et c'est sur
cette même disposition que je fonderais,
s'il en était besoin, la légalité d'un appel
successif des rentiers *au rachat,* sur le pied
de 100 fr. pour 5 fr. de rente, en adou-
cissant, autant que possible, cette mesure,
contre laquelle, leur silence, sur la loi de
1825, ne semble pas même permettre de
craindre qu'il s'élevât aujourd'hui aucune
réclamation fondée.

Et c'est, ici, le lieu de noter la différence
sensible qui distinguerait cette opération de
la *réduction,* pour laquelle on ne dissimule
pas ses préférences sur le *remboursement* lui-même.

Par celle-ci, le gouvernement, repro-
duisant un acte flétri par l'histoire, di-
rait crûment à ses *créanciers:* il ne vous
sera plus payé, pendant *tant* d'années,
que 4 fr. ou 4 fr. 50 cent. pour *chaque
rente de 5 fr. que je vous avais vendue.* (Car,

per: onne n'ignore que nous n'avons pas fait *autre chose*).

Il y aurait certainement, là, dérogation *flagrante* au contrat ; et la menace simultanée d'un *remboursement, (en grande partie, fictif pour l'État)* que ce même contrat n'autoriserait pas davantage, ne ferait qu'aggraver ce fait dont elle ne pourrait changer le caractère.

Par le *rachat obligé (seul mode de remboursement légal,* et, en réalité, *possible!)*, l'amortissement rend simplement au rentier le capital, sur le pied de 100 fr. (*en conformité de la loi de 1825, dont il n'a point contesté le principe*), de *la moitié,* seulement, de la rente qu'il possédait, et il conserve provisoirement la jouissance de l'autre moitié.

Ici, rien de violent ; rien de contraire à nos obligations, ni aux convenances envers nos créanciers ; rien enfin qui ne soit la conséquence naturelle du taux auquel s'est élevé le *cours* ; et, de plus, la loi s'exécute avec un ménagement tout en faveur de la justice et du crédit.

Je le demande encore une fois : que l'on compare attentivement les deux opérations, et que l'on décide consciencieusement entre elles, sans oublier que *la première* aurait, en outre, l'inconvénient inévitable de *perpétuer* la dette ; la deuxième, l'avantage assuré de *l'éteindre*, avec une notable économie, dans un temps donné !...

Que l'*opinion* prononce ! SUB JUDICE LIS EST.

Relativement aux avantages que l'on attache *à la réduction du taux de l'intérêt*, en général, (considération qui préoccupe beaucoup de bons esprits, dans cette affaire;) j'observe que l'exagération dénature les idées les plus justes, en elles-mêmes. Ainsi, point de doute qu'un *intérêt modéré*, ne soit favorable aux opérations agricoles, manufacturières et commerciales; mais prétendre que la *vilité* du prix de l'argent leur fût avantageuse, ne paraîtrait pas raisonnable. En effet, elles ne trouvent d'appui que dans la consommation de leurs produits; et si celle-ci était forcément réduite, à un certain point, par la diminution excessive des fortunes, comment voudrait-on que l'abaissement *démesuré* de l'intérêt des capitaux pût leur profiter? Inutilement multiplierait-on la production, si les consommateurs étaient obligés de diminuer sensiblement leurs dépenses. Or, tout le monde sait que les hommes qui thésaurisent sont toujours *l'exception*. Généralement, chacun dispose de la totalité de son revenu qu'il distribue aux cultivateurs, aux manufacturiers et aux commerçans, ainsi qu'aux classes qui vivent du travail de leurs mains. Une réduction *exagérée* de *l'intérêt* dérangerait donc nécessairement, au préjudice du plus grand nombre, l'économie mystérieuse et inaperçue de l'emploi actuel des revenus généraux, dont la circulation entretient, dans toutes les parties du corps social, le mouvement et la vie. Elle mettrait, ainsi, comme je l'ai dit ailleurs, à la place de *l'aisance* et de la *médiocrité, le malaise,* dans les premières classes, et la *misère* dans les autres. Serait-ce, ainsi que l'on prétendrait favoriser les trois sources principales de la richesse publique ? ou assurer mieux la recette même des revenus de l'État, qui mérite bien aussi, ce semble, une sérieuse attention ? Car, ici, se rencontre une complication d'intérêts dont aucun ne pourrait être impunément négligé.

Mais je veux que tout ce que je viens d'alléguer pût être victorieusement réfuté, et que l'on parvînt à prouver que la consommation ne devrait pas décroître; qu'elle devrait même augmenter, en raison de l'affaiblissement des moyens de consommer; se permettrait-on d'en conclure que *tout fût légitime* pour obtenir un tel succès ; et qu'il nous fût loisible d'enrichir l'agriculture, l'industrie et le commerce aux dépens de nos créanciers ? On conçoit que, dans une situation désespérée, *le salut de l'État devienne la loi suprême :* mais ce serait, au milieu d'une prospérité progressive dont nous nous vantons, chaque jour, avec fondement, que nous en chercherions un accroissement plus rapide dans la violation de nos promesses !.. Eh ! quelle pourrait donc être notre excuse ? Et où la confiance, principal élément de la puissance publique, pourrait-elle aussi trouver, désormais, ses garanties ?

M. le rapporteur s'est demandé : « N'y » a-t-il pas toujours un peu d'égoïsme dans » les emprunts ? N'est-ce pas une charge » léguée à *l'avenir* pour soulager *le présent,* » et *une génération tout entière ne doit-elle pas* » *avoir pour la postérité, la même prévoyance*

» *qu'un père de famille pour ses enfans?* Cette
» obligation, ajoute-t-il, nous commande
» de ne pas ralentir, un seul instant, nos
» efforts pour *diminuer* notre dette. »

Il me semble qu'il aurait fallu dire :
pour parvenir à l'extinction de notre dette ;
car c'est, là, ce qui intéresse principalement *l'avenir,* envers lequel nous n'aurions
pas rempli tous les devoirs dont M. le rapporteur paraît pénétré, si nous nous étions
uniquement occupés de lui transmettre
une rente *réduite ;* augmentée, depuis, par de
nouveaux besoins, et dont *il n'aurait plus
aucun espoir de se libérer,* ni même *d'alléger
le fardeau,* par de nouvelles réductions,
auxquelles il faut bien avouer qu'il y aurait une limite impossible à franchir,
sans que l'honneur du pays en fût tout-à-
fait compromis.

Serait-ce donc là de vaines déclamations,
ou des vérités inconnues ? Ne sait-on point
que *la réduction des rentes* avait été l'une

des ressources habituelles des temps où l'on semblait ignorer que la *fidélité* appelle seule la *confiance*, et que celle-ci est la véritable source du *crédit*; (non, sans doute, tel qu'une théorie nouvelle l'a défini, dans son intérêt, *pour l'usage des gouvernemens modernes* ; mais, tel que LA NATURE DES CHOSES l'a fait, de tout temps, pour les *États*, comme pour les *particuliers*?)

Eh ! bien ! quel a été le dernier fruit de ce système, qui reparaît, à la faveur d'un léger déguisement?.. N'est-ce pas, je le répète, le renversement d'une monarchie de *quatorze siècles* par le DÉFICIT provenant d'une *rente perpétuelle.* tour à tour, *grossie* et *mutilée*, de règne en règne, en présence de cet antique *droit de remboursement,* dont on a fait, depuis 1824, tant de bruit ?

Cependant une triste expérience avait assez prouvé que, *relativement à la dette publique*, il n'avait jamais été *qu'un être de raison*, chez nous; et c'est en vain qu'il essaie de se enter sur les dispositions du Code civil, qui ne sont applicables (*de droit*) qu'aux contrats *entre particuliers.*

Il demeure donc constant que la *perpétuité forcée* des restes de la rente, après toutes les mutilations qu'elle avait éprouvées, n'avait plus, en 1789, d'autre issue que LA BANQUEROUTE, qui, en achevant de déconsidérer le gouvernement, aurait déterminé sa chute, comme l'a fait la révolution ; dont le DÉFICIT occasioné par ce qui subsistait encore de la dette *réduite*, a également été la cause ou le prétexte.

Comment la génération actuelle, que distingue tant d'intelligence et de talent, rejetterait-elle les enseignemens qui résultent de faits dont l'autorité imposante supplée celle que mon âge serait peu propre à donner, auprès d'elle, à mes paroles, privées de l'appui qu'elles en reçoivent ?

« Cependant, dit encore M. le rappor-

» teur , *une conséquence forcée du droit de* » *remboursement*, c'est *la suspension des ra-* » *chats de l'amortissement*, lorsque la rente » *atteint le pair*. (on a voulu dire : lors- » qu'elle *dépasse le pair*). Cette régle, que » LE BON SENS *indiquait*, a été posée dans la » loi du 1er mai 1825. »

Je demanderais pardon au BON SENS, si je pouvais croire que son intention eût été bien saisie, de n'être pas convaincu que, dans cette occurrence, son infaillibilité ne se fût pas trouvée en défaut. Il aurait, en apparence, oublié que notre amortissement n'était, autre chose que *le mode de remboursement*, *spécialement af-* *fecté* à une dette d'une nature entièrement différente de celle des dettes anciennes que le *droit* que l'on invoque avait, au surplus, si mal servies, qu'il serait plus qu'indiscret à lui de prétendre condamner la nôtre à subir, à son tour, la maligne influence de sa *nullité*.

Mais on reconnaît aisément que LE BON SENS n'a pas mérité ce reproche. En conseillant, en 1825, de *maintenir* à l'amortissement la faculté d'agir sur la rente *au pair*, il n'a pas dû supposer qu'on négligât le moyen, *qu'il indiquait lui-même*, d'organiser *régulièrement* l'exercice d'une faculté, *dont il avait jugé le maintien nécessaire;* et l'on ne peut douter que la prescription de ce moyen; prescription *qui se liait si naturellement à la concession faite à l'amortissement*, n'eût complété la loi, si ses auteurs avaient réellement songé à améliorer le sort de notre dette; mais l'on sait que cette pensée n'avait eu rien de commun avec le *motif spécial* qui en avait déterminé la proposition. Elle ne peut donc jamais être présentée comme une loi de *crédit public:* tant s'en faut!

« La commission a pensé, poursuit » M. le rapporteur, qu'une opération telle » que *la conversion*, devait émaner du ca-

» binet, *qui doit l'exécuter*, afin que ceux
» dont elle *contrarie les intérêts*, sachent
» qu'il *la veut fortement*, et qu'ils soient, *par-*
» *là même*, plus disposés *à la résignation.*

Ces expressions sont-elles bien d'accord avec les égards dont une saine politique ne paraît pas permettre de s'écarter envers les créanciers de l'État ? ne sembleraient-elles pas, aussi, contraster, jusqu'à un certain point, avec l'essence même de notre gouvernement ?

Au reste, on a vu ce que nous avions recueilli, en définitive, des *réductions* opérées par un, POUVOIR qui avait aussi *voulu fortement*, sans qu'il lui eût été donné d'apercevoir les suites déplorables de la *résignation* qu'il avait obtenue. Cet exemple devrait-il être perdu, pour nous, dans notre sollicitude *paternelle* pour la *postérité* ?...

On ajoute que « la première condition
» du succès est qu'il soit demandé *peu de*

» *remboursemens*, par la double considéra-
» tion des lenteurs qu'ils exigeraient et de
» la situation fâcheuse dans laquelle le
» gouvernement se trouverait placé vis-à-
» vis de ceux qui y auraient été soumis,
» *s'il survenait des circonstances qui interrom-*
» *pissent l'opération.* »

L'*offre du remboursement* ne serait donc
effectivement, dans l'esprit de la proposition faite à la Chambre, qu'un calcul
dont le but avoué serait de décider les
créanciers, bon gré malgré, à préférer,
par la crainte d'un sort plus fâcheux, *la*
conversion, pour laquelle leur simple adhé-
sion suffirait, sans que le gouvernement
fût exposé, *comme par le remboursement*,
aux dangers que la bonne foi de **M.** le
rapporteur ne lui a pas permis de taire !...
On a paru espérer de les y déterminer
en fondant la possibilité d'un premier es-
sai du remboursement, premièrement, sur
la réserve qui resterait disponible, à la

Caisse d'Amortissement, à la fin de 1837. Secondement sur les ressources que donnent, au Trésor, les *prêts de la Banque; les fonds des communes*, dont les placemens suivent une progression *arithmétique*, depuis cinq ans, et ceux *des Caisses d'Épargnes*, qui s'accroissent dans une proportion *géométrique*.

Un orateur, entraîné par l'espérance d'agir, d'autant plus puissamment, sur les esprits, a été jusqu'à faire entrevoir la possibilité de réunir, dans deux ans, de la manière dont on vient de parler, 800 *millions* pour rembourser les créanciers *récalcitrans !*

Mais, sans chercher à apprécier les effets de l'introduction *subite*, dans la circulation, d'un capital égal *au quart*, à peu près, du numéraire que nous possédons ; il est, du moins, évident que *la partie principale* de ces ressources se composerait des produits *d'un emprunt comme un autre*, et que le remboursement, qu'il aurait facilité, n'aurait pu qu'affaiblir la rente *constituée*, sans diminuer, d'ailleurs, le moins du monde, *pour cette partie*, le montant général *de la dette publique* :

Or, serait-il sage, pour n'opérer qu'un changement *malheureux* dans la position à laquelle on aurait eu l'intention de porter un remède efficace, de remplacer un capital *inoffensif*, puisque ses propriétaires ne peuvent en réclamer la restitution que par l'action *légale* et *mesurée* de l'amortissement *sur la rente* ; de le remplacer, dis-je, par une dette nouvelle, dont les *exigences légitimes* pourraient, *d'un instant à l'autre*, bouleverser l'État, dépourvu des moyens d'y satisfaire, et, peut-être, au moment où des conjonctures impérieuses lui rendraient l'assistance *du crédit* plus nécessaire ?

Quel motif, *quand même on en aurait le droit*, de se jeter dans une voie aussi périlleuse, aussi hérissée de difficultés *que l'on ne méconnaît pas* ; tandis que le bien-être de nos finances, peut être consolidé, *sans danger*, *sans reproche*, par la simple exécution d'un système légalement convenu avec nos créanciers, auxquels le gouvernement n'aurait à demander, directement, aucun sacrifice ?..

Qui empêcherait, même, que l'on ne profitât, comme je l'avais déjà proposé, en 1833, de la faculté donnée par la loi, *d'annuler*, quand le besoin s'en fait sentir, les rentes *rachetées*, pour éteindre-définitivement, *à des époques déterminées*,(tous les dix ans, par exemple), celles dont l'amortissement se serait rendue propriétaire, afin d'en faire profiter plus tôt les contribuables ? L'État se trouverait, en même temps, libéré du capital des rentes *annulées*, avec une économie qui serait encore du *cinquième* de ce qu'aurait coûté *le remboursement*, à la même époque, de ce capital, *au pair* (V. tableau n°, 2). On a vu, plus haut, que la conservation, pendant trente ans, des rentes *rachetées*, élèverait cette économie *à plus de moitié ;* mais l'effet ne s'en ferait sentir que, *tout à la fois*, à l'expiration des trente années ; tandis qu'il serait produit, *par cinquième*, de dix, en dix ans, par l'annulation *décennale* des rentes que la Caisse d'Amortissement aurait rachetées, dans le même intervalle.

En dernière analyse, le résultat *réel* de la conception à laquelle on paraît attacher tant d'importance, serait, d'une part, de convertir, *contre le vœu de lu loi*, *la dotation* de trente-deux millions affectée *au rachat* de la rente de 5 francs, en un simple *fonds de remboursement, au pair*, dont la dépense excéderait, ou de *moitié*, ou d'un *cinquième*, celle que le *rachat* d'une même quantité de rentes, par la Caisse d'Amortissement, aurait occasionée aux contribuables ;

De l'autre, de *perpétuer* toute la partie de la dette dont *la réduction* (ou la *conversion*, comme on l'appelle), aurait été consentie par les créanciers ; ou qui aurait été *remboursée* avec le produit des emprunts faits à la Banque, aux Caisses d'Épargne et aux communes, qui ne pourraient en obtenir la restitution que par de nouveaux emprunts :

Et nous savons où *la perpétuité* d'une dette doit, un peu plus tôt, un peu plus tard, conduire un pays !...

N'ai-je pas eu le droit de dire que nous ne pourrions attendre d'un tel système, ni, honneur, ni, profit ?

Pour ne pas trop compliquer ces observations, j'ai cru devoir présenter séparément, à la suite de mon travail, (dans le tableau N° 1 , et dans la note qui le suit), les effets d'une *réduction décennale* de la rente de 5 francs, *jusqu'à ce qu'elle ne subsistât* plus que *pour 3 francs* ; comparés avec ceux de l'amortissement doté de trente-deux millions par an , *en annulant,* *tous les dix ans, les vingt millions de rente* qui auraient été rachetés , *au pair,* dans le cours de cette période.

CONCLUSION.

Une opération qui toucherait à des intérêts aussi nombreux et aussi vivaces, que celle dont il s'agit, aurait besoin d'être avouée et soutenue par l'opinion qui ne s'attache qu'à ce qu'elle reconnaît utile et juste. Il importerait donc que son jugement fût éclairé *par la discussion;* et l'on n'a pas dû se flatter que l'on pût, *en l'éludant,* porter, dans tous les esprits, la conviction nécessaire.

Cependant, les partisans du système dont je viens d'essayer, de nouveau, de démontrer les imperfections , n'ont jusqu'à présent opposé à toutes les objections qu'un silence difficile à expliquer. On s'est borné à rappeler, en faveur de ce système, les principes d'*un passé* sans rapport avec le *présent;* et l'on a fait valoir *l'utilité* et *l'opportunité* de leur application, sans que l'on ait paru s'apercevoir qu'ils étaient en contradiction manifeste avec les conditions expresses du contrat qui nous régit, ou sans que l'on ait voulu se donner le soin de nous apprendre comment on avait jugé que cette contradiction pouvait disparaître; de sorte que l'on peut dire que nous sommes, depuis douze ans, restés au même point où nous étions, en 1824; si ce n'est pourtant que *le droit de remboursement*, tel qu'il résulte des dispositions du Code civil, peu contesté, à cette époque, dans la Chambre des Pairs, (apparemment dans la vue d'obtenir, avec d'autant moins de difficulté, en simplifiant la discussion , le *rejet* de la loi proposée), paraîtrait y avoir conservé peu de partisans, depuis qu'il a pu être observé de plus près. Ce que j'ai rappelé, en commençant, de la discussion qui avait eu lieu, dans cette Chambre, à sa dernière session, sur un article de la loi des recettes de 1837, vient à l'appui de cette présomption. Eh ! comment en serait-il autrement, lorsque ce droit, *inapplicable, à moins d'une stipulation spéciale*, aux opérations du gouvernement, en général ; et, particulièrement, au *genre* de nos emprunts, n'est mis en avant que comme un *épouvantail* dont, par une singularité remarquable, ses patrons sont, ainsi que nous l'avons vu, et avec beaucoup de raison, *les premiers à s'effrayer* ?

La marche suivie jusqu'ici, dans cette importante affaire, serait donc moins propre que jamais à lever tous les doutes relativement à la *justice* et à la *légalité* de la proposition sur laquelle il s'agit aujourd'hui de prononcer définitivement. Ils ne pourraient l'être que par des explications *nettes, franches* et *hors de toute réplique raisonnable.*

Il faudrait démontrer, jusqu'à l'évidence, que les argumens par lesquels cette proposition a été combattue, n'ont aucun fondement réel :

Que, par exemple, *il n'est pas vrai* que nos emprunts aient été soumis *à la seule action de l'amortissement*, par les lois qui les *ont autorisés*, et que, par conséquent, c'est, à tort, que l'on suppose, ici, *la foi publique engagée;*

Ou bien, que cet engagement (qui ne peut être contesté), se trouve naturellement annulé par l'impuissance (*prouvée mathématiquement*) de ce procédé, quelque régulière qu'en fût l'exécution, pour opérer, jamais, *l'extinction* de la dette;

Que, dans l'impossibilité absolue d'y arriver, d'aucune manière, l'expédient que l'on proposeaurait, du moins, l'avantage de n'être pas, en définitive, aussi dispendieux pour les contribuables, que l'amortissement ;

Qu'enfin, il ne nous laisserait à craindre le retour, dans aucun temps, des maux *qu'un système tout semblable* nous avait attirés, il y a un demi-siècle; ce qui détruirait, occasionellement, le préjugé, vieux comme le monde, qui a persuadé, jusqu'à présent, que *les mêmes causes, toutes choses égales d'ailleurs, produisaient nécessairement les mêmes effets.*

Ces démonstrations faites, il n'y a personne qui ne dût être convaincu que ce ne pourrait être que par une obstination irréfléchie on par une profonde ignorance, que l'on persisterait à soutenir des opinions contraires.

Jusque là, il sera permis de rester dans la persuasion que le sort de la fortune publique est éminemment intéressé à ce que nous ne différions pas de rentrer , *pour n'en plus sortir,* dans la voie d'où la loi du 1ᵉʳ mai 1825 ne nous a tirés que *par une vue politique* qui était, *tout au moins, étrangère,* au bien de nos finances.

Elles ne peuvent être, dans mon opinion, réellement consolidées que par un budget, que l'on est convenu d'appeler, *normal;* c'est-à-dire, qui présente une réserve d'une vingtaine de millions, pour des dépenses imprévues ; et ce n'est même pas d'une ré-duction *d'un dixième,* telle que l'on a annoncé l'intention de la proposer sur la rente de 5 francs, que l'on pourrait espérer ce secours.

Le but serait facilement atteint, sans qu'aucun intérêt fût blessé, par l'annulation d'une portion du reste des rentes dont la Caisse d'Amortissement est encore propriétaire, comme, à défaut de toute autre parti plus convenable, j'ai été forcé de la proposer. Cet établissement recommencerait, alors, sa tâche, en appliquant sa dotation annuelle, successivement accrue du produit de ses opérations, *au rachat, en argent,* sur le pied de 100 fr. pour 5 fr. de rente, de *la moitié* de celles qui lui seraient dévolues par le sort. Il remettrait aux créanciers, pour l'autre moitié, une nouvelle inscription de 5 p. %.

Ces rentes seraient, en conséquence, appelées *au rachat,* dans une proportion *double* de celle correspondante à la réserve qui existerait à la Caisse d'Amortissement.

Les anciennes inscriptions *rachetées* et *échangées*, frappées d'un timbre qui en réduirait, de moitié, la valeur, formeraient le titre de la Caisse d'Amortissement pour en percevoir les arrérages, pendant dix années, après lesquelles les vingt millions de rente qu'elle aurait acquis, dans cet intervalle, seraient *annulés.*

Les nouvelles inscriptions *réduites* ne devraient être, de nouveau, soumises au sort, qu'après que toutes les autres auraient été appelées *au rachat*.

Je répète que cette opération ne sortirait pas des conditions de l'Amortissement, tel qu'il a été modifié, sans réclamation, *par la loi de* 1825, qui maintient son action, sur les fonds publics, *jusques aux cours de* 100 *fr.* ; et qu'elle serait également conforme à l'*esprit* du système *primitif* d'un amortissement *illimité*, que les lois de 1816 et 1817 n'avaient assurément pas entendu mettre à la merci des créanciers, dans le cas où, contrairement à l'intérêt général, auquel ils ne peuvent demeurer étrangers, il leur aurait convenu de ne plus se présenter, sur la place.

Il est hors de doute que l'on ne songerait jamais à tenter un nouvel emprunt, sans qu'il fût pourvu, *par des affectations spéciales,* tant au paiement de *l'intérêt,* qu'à *l'extinction du capital*, soit, par des remboursemens partiels, à des *termes fixés*, soit, par l'action de l'amortissement; en combinant, suivant les circonstances, et la quotité de sa dotation et les règles de son emploi, de manière à concilier, le mieux possible, les convenances des prêteurs, qu'il faut bien consulter, avec l'intérêt des contribuables et celui de la libération de l'État, qui leur est commun. Car, il est certain que, dans l'heureuse situation où se trouve notre crédit et qu'il faut espérer qu'il conservera toujours, l'organisation de l'Amortissement, telle qu'elle a convenu, *dès le début*, à une dette énorme, contractée à une époque désastreuse, ne pourrait s'appliquer *immédiatement* à un nouvel emprunt, dans une position différente. Il devrait indispensablement garantir aux prêteurs la jouissance de la rente, pendant quelques années, après lesquelles, seulement, pourrait commencer l'action de l'amortissement, *au pair,* sur la quantité de rentes qui lui serait annuellement désignée, par le sort ; sans que, toutefois, il fût empêché de racheter, dès le principe, celles qui s'offriraient, *au pair* ou *au-dessous.*

Les choses ainsi réglées, et pour le *passé,* soumis à un système que nous n'avons ni le *droit* ni l'*intérêt* d'abandonner ; et pour l'avenir, qui aurait un gage du maintien constant de l'ordre dans ses affaires, s'il éprouvait de nouveaux besoins extraordinaires, nos finances seraient, dès à présent, assises sur une base désormais inébranlable, à moins d'accidens au-dessus de toute prévoyance.

Je n'ai pas jugé que j'eûsse à m'occuper de divers projets qui se sont produits, en 1836 ; mais qui ne paraissent pas destinés à franchir le seuil des Chambres, auxquelles il n'est pas probable que l'on aille, jamais, demander des moyens de fournir à l'agiotage de nouveaux alimens.

Je devrais des excuses à mes lecteurs pour les redites dans lesquelles je suis tombé, s'il m'était permis de me flatter que mes précédens écrits, sur cette matière, eussent laissé, dans les esprits, quelques traces.

Peut-être, d'ailleurs, aurais-je le droit d'en renvoyer le reproche à ceux qui, dans cette controverse singulière, ont constamment représenté les *mêmes* propositions appuyées des *mêmes* argumens, sans rien opposer, comme je l'ai déjà dit, aux objections par lesquelles ils avaient été combattus et qu'il fallait bien que je me FORÇASSE à renouveler, pour mettre l'opinion en état de prononcer, en pleine connaissance de cause, sur ces interminables débats.

Tableau N° 1 de l'autre part.

N° 1.

TABLEAU COMPARÉ

Des effets de la réduction décennale d'un dixième de la rente de 5 francs, à partir de 1837, inclusivement, jusqu'à ce qu'elle fût descendue à 3 francs, ce qui arriverait en 1867.

Et de ceux de l'amortissement, doté de tente-deux millions par an, en annulant, tous les dix ans, à partir de 1847, les vingt millions de rente qui auraient été rachetées, au pair, pendant cet intervalle.

Époques.	Dépense du Trésor pour le paiement annuel de 100 millions, en rentes de 5 fr., réduites d'un dixième, tous les ... ans, (*à partir de 1837 où la 1re réduction serait opérée d'avance*) jusqu'à ce qu'elle fût descendue à 3 fr.	Dépense du rachat *obligé, au pair*, en annulant, tous les dix ans les vingt millions *de rente rachetés.*		Total de la dépense pour le paiement général de la rente, et pour la *dotation* pendant chaque époque.
		Rentes payées, soit aux créanciers, soit à la Caisse d'Amortisssement, réduites de vingt millions, tous les dix ans.	Dotation de trente-deux milllions par an.	
1re époque de 1837 à 1847	900,000,000	1,000,000,000	320,000,000	1,320,000,000
2e époque de 1847 à 1857	800,000,000	800,000,000	320,000,000	1,120,000,000
3e époque de 1857 à 1867	700,000,000	600,000,000	320,000,000	920,000,000
4e époque de 1867 à 1877	600,000,000	400,000,000	320,000,000	720,000,000
5e époque de 1877 à 1887	600,000,000	200,000,000	320,000,000	520,000,000
6e époque de 1887 à 1897	600,000,000	la rente éteinte en 1887	«	«
7e époque de 1897 à 1907	600,000,000	«	«	«
Totaux . . .	4,800,000,000	3,000,000,000	1,600,000,000	4,600,000,000

OBSERVATION PARTICULIÈRE.

On voit, que le système de la *ré-duction décennale de la rente*, successive-ment descendue, en trente ans, au taux *fixe* de 3 francs, *tout en violant le contrat*, aurait coûté aux contribuables quatre milliards huit cent millions, de 1837, à 1907, et qu'il les laisserait encore, à cette époque, *éternellement* débiteurs de *soixante millions* de rente; toujours, au capital de *deux milliards;*

Tandis que celui de l'amortissement, en annulant, les vingt millions de rente *rachetés*, pendant chaque période de dix années; (malgré l'augmentation de deux cinquièmes qui en résulterait dans la dé-pense de la dotation,) aurait coûté, à la même époque de 1907, deux cent millions de moins, que *la réduction*, pour *éteindre*, en *respectant* tous *nos engagemens*, le capital de deux milliards et la rente de cent millions, en cinquante ans (de 1837 à 1887).

On peut voir aussi :

1° Que l'annulation décennale des rentes *rachetées* par la Caisse d'Amortissement, libérerait, en même temps, *l'État*, à chaque époque, d'un capital de 400 millions, avec une dépense de 320 millions seulement.

2° Qu'à la onzième année et pendant toute la seconde époque, la dépense de la dotation serait compensée, chaque année, pour vingt millions, par le bénéfice de l'annulation des rentes rachetées pendant les dix années précédentes.

3° Que dès la quatrième époque, (de 1867 à 1877) le Trésor n'aurait à payer annuellement, pendant ces dix années, *pour la totalité de la rente et pour la dotation réunies*, que dix millions de plus, que ce qu'il aurait dû, pendant la même période, *aux créanciers de l'État,* pour la *seule rente réduite :* et que, cette époque révolue, déjà les quatre cinquièmes du *capital* de la dette, (ou 1,600 millions) auraient disparu.

4° Qu'à la cinquième époque, (à la fin de laquelle *la rente serait éteinte, ainsi que le capital ;*) l'amortissement aurait coûté aux contribuables, pendant cette période, 80 millions *de moins* que *la réduction de la rente,* laquelle snbsisterait encore, comme on l'a vu, après ces dix années, et à *toujours,* pour 60 millions, par an, avec *l'intégralité de son capital primitif* de deux milliards.

On aperçoit, de plus, que l'annulation, en 1837, de vingt millions de rente, sur les vingt-sept millions dont la Caisse d'Amortissement est, encore, propriétaire, aurait, fourni, *sans augmenter les charges actuelles,* un fonds annuel de *vingt millions* pour la réserve destinée aux *dépenses imprévues* du budget; réserve qui ferait cesser, dès à présent, le besoin des crédits *supplémentaires* auxquels il importe si fort de mettre un terme.

Ma proposition aurait donc, *indépendamment de ce qu'elle ne porterait aucune atteinte aux droits acquis*, l'avantage :

Premièrement : de fonder un ordre permanent dans nos finances, *sans avoir rien à demander, de plus, à l'impôt* :

Secondement : d'alléger, tous les dix ans, le fardeau des contribuables, de 20 millions, et d'éteindre, en même temps, un capital de 400 millions, avec une dépense, pour le Trésor, *de 320 millions seulement* ;

Troisièmement : de nous acquitter, *honorablement, quoiqu'avec économie*, envers les générations futures, des devoirs que l'on a si noblement proclamés.

Déjà, elles devront à notre système la décharge d'un capital de plus de dix-huit cent millions, représentés par les

75,121,000 fr. de rentes de 5 francs; de 4 1/2, 4, et 3 p. %, que notre amortissement avait rachetées ou échangées jusqu'au 30 septembre 1836, avec une épargne de près de *quatre cent millions* sur ce qu'aurait coûté le remboursement de ce capital *au pair*, (État n° 2).

En rendant à l'amortissement, sur la rente de 5 fr., l'action que la loi réclame pour lui, il leur procurera, de même, en ménageant, autant que possible, les intérêts des contribuables, l'affranchissement graduel d'un nouveau capital de 2 milliards et d'une rente de 100 millions, conformément au tableau qui précède ces observations; et l'on peut dire que ce résultat serait réalisé dans un espace de temps *limité:* que sont en effet 30, 40 ou 50 ans dans *la vie d'un empire?...* Il est vrai que notre impatience naturelle s'accommode mal des opérations *de quelque durée;* mais l'expérience prouve que, dans les

grandes entreprises, la réussite est généralement le prix de la constance, et, en partie, l'ouvrage du temps. «*Tout vient à point,*
dit un vieil adage, *à qui sait attendre.* »

Restent les rentes de 4 1/2, 4 et 3 p. %.
Elles sont comprises au budget de 1836
pour 43,920,000 fr., dont 14,560,000 fr.
sont déjà devenus, par le rachat ou par
l'échange contre les *bons* de Trésor, la
propriété de la Caisse d'Amortissement.
Il n'y en a plus, par conséquent, dans
la main des particuliers que pour
29,360,000 fr. qui diminuent journelle-
ment, autant que la disposition *restrictive*
de la loi de 1825 le permet, par l'emploi
des dotations qui leur sont spécialement
affectées. Leur extinction, plus ou moins
prochaine, ne peut donc laisser d'incertitude et présente , par leur modicité, un
faible intérêt.

Quand on porte ses regards sur un *passé,*
encore tout près de nous, l'imagination

s'effraie, d'abord, de l'énormité des charges que les désastres qui ont signalé l'époque de la seconde restauration ; puis, les années 1823 et 1825 nous avaient imposées.

Elle remarque, ensuite, avec une satisfaction mêlée d'une sorte d'orgueil, que la fortune du pays lui ait permis de s'acquitter, en peu d'années ; non, sans souffrance ; mais avec honneur, d'une aussi forte partie des engagemens qui pesaient sur ses propriétés.

Elle s'étonne, alors, que les avantages du système qui en a facilité les moyens, aient pu être désavoués, lorsque, en 1825, la valeur, toujours croissante, *que son intervention avait donnée* aux fonds publics, ne lui permit plus d'offrir *les mêmes profits* ; comme s'il n'aurait pas été au pouvoir d'une administration intelligente, ou *sincère*, de le mettre en mesure de continuer de remplir sa mission, par un *rachat* qui, comparé *au remboursement*, devait, même *au pair*, donner encore un bénéfice qu'il n'était pas permis de dédaigner !

Mais elle se rassure pour l'accomplissement de l'œuvre de la libération de l'État, par la persuasion que l'*opinion*, éclairée par une discussion franche, ne refusera pas son appui à un agent qui a tenu aussi complètement ses promesses. Elle n'est plus frappée, dès-lors, que de la perspective des heureux effets d'un retour définitif à une institution *éprouvée*, qui doit, en affermissant, de plus en plus, le *crédit* de la France, contribuer à inspirer constamment, pour sa dignité et pour ses droits, le même respect qu'elle sera toujours disposée, par la *nature* même de son gouvernement, à professer pour ceux des autres.

ÉTAT N° 1 (*bis*)

à ajouter à la

page 71.

PIÈCE

A JOINDRE AUX OBSERVATIONS DU DUC DE GAÈTE, RÉCEM-
MENT DISTRIBUÉES A LA CHAMBRE, CONCERNANT LE
REMBOURSEMENT OU LA RÉDUCTION DE LA RENTE.

NOTA. Ce tableau présente l'analyse des principaux résultats de
celui N° 1, et des observations qui le suivent.

Imprimerie CH. THOMAS, rue Louis-le-Grand, N. 35.

TABLEAU SYNOPTIQUE de la situation de la France, d'abo
de 5 francs, jusqu'à concurrence de cent millions de rente,
1° Par l'effet de la *réduction* d'un 10ᵐᵉ de la rente, à partir
2° Par le résultat du *rachat, au pair,* avec *extinction, tous les*
précédentes.

ÉPOQUES DÉCENNALES, à PARTIR DE 1837	Sommes dues par l'état, à chaque époque, en supposant la première réduction de la rente opérée en 1837, le rachat, *au pair,* commencé, à la même époque, avec une dotation annuelle de 32 millions (*a*).			
	PAR LA RÉDUCTION.		PAR LE RACHAT.	
	DÛ EN CAPITAL.	DÛ EN RENTE	DÛ EN CAPITAL.	DÛ EN RENTE.
En 1837 Après une 1ʳᵉ réduction de 10 millions.	2 milliards	90 millions	2 milliards	100 millions
En 1847 Après une 2ᵉ réduction.	2 milliards	80 millions	Après une 1ʳᵉ annulation de 20 millions de rentes rachetées 1,600 millions.	80 millions
En 1857 Après une 3ᵉ réduction.	2 milliards	70 millions	Après une 2ᵉ annulation, 1200 millions.	60 millions
En 1867 Après la 4ᵉ et dernière réduction.	2 milliards	60 millions	Après une 3ᵉ annulation, 800 millions.	40 millions
En 1877.	2 milliards	60 millions	Après une 4ᵉ annulation, 400 millions.	20 millions
En 1887.	2 milliards	60 millions	Après une dernière annulation en 1887, le capital et la rente, éteints en 1886.	
En 1897.	2 milliards	60 millions		
En 1907.	2 milliards à perpétuité	60 millions à perpétuité		

(*a*) Quoiqu'il ne paraisse p   devoir être question de prononcer dans
départ de l'une et de l'autre opération, afin de donner une base fixe a

1837 ; puis, à chaque époque *décennale*, relativement à la rente

37, jusqu'à ce qu'elle fût réduite à 3 francs.

, des 20 millions de rente rachetés, pendant les dix années

ÉPOQUES DÉCENNALES	DÉPENSE du Trésor par *décennalité* pour le paiement de la rente, jusqu'à 1907 seulement.	
	PAR LA RÉDUCTION	PAR LE RACHAT AU PAIR.
De 1837 à 1847	900 millions	1 milliard
De 1847 à 1857	800 millions	800 millions
De 1857 à 1867	700 millions	600 millions
De 1867 à 1877	600 millions	400 millions
De 1877 à 1887	600 millions	200 millions
De 1887 à 1897	600 millions	
De 1897 à 1907	600 millions	
Totaux	4,800,000,000	3,000,000,000

on actuelle, sur cette importante affaire, j'ai pris 1837 pour point de
uls.

RÉSULTAT DÉFINITIF

RÉSULTAT DÉFINITIF.

On vient de voir, d'une part, que, de 1837 à 1907, le système de la *réduction* aurait coûté aux contribuables, *pour le seul paiement de la rente réduite*, une somme totale de . . . . . . 4,800,000,000.

En *perpétuant* le capital de 2 milliards et la rente *réduite;*

Et, de l'autre, que celui du *rachat, au pair,* consacré par la loi de 1825 elle-même, n'aurait coûté, pendant sa durée, pour la même cause (le paiement de la rente) que . . . . 3,000,000,000.

En *libérant* l'État, dès 1886, de la totalité du capital et de la rente,

Différence, en moins, à l'avantage du *rachat,* pour le paiement de la rente. 1,800,000,000.

Cette différence aurait, dès 1907, compensé les frais de la *dotation* qui ne se seraient élevés qu'à 1600 millions (État N° 1, page 62 des observations), avec une épargne, *en faveur du rachat*, de 200 millions, et, en outre, avec l'extinction (*devenue réellement gratuite, alors*, par l'effet comparé des procédés respectifs de l'une et de l'autre opération), d'un capital de deux milliards, et d'une rente originairement de cent millions.

Ce ne sont pas, là, des assertions vagues ou hasardées. Ce sont des verités *mathématiques.*

Peut-on se refuser à reconnaître l'influence que la libération d'un tel fardeau, opérée *successivement*, par l'annulation décennale de 20 millions de rente, et le versement graduel dans la circulation, dans le cours de chaque décennalité, des 400 millions appliqués au *rachat*, devraient exercer sur la prospérité publique.

S'agit-il pour atteindre ce but que les véritables intérêts du pays recommandent, *de violer la foi promise?*.. tout au contraire; nous nous montrons fidèles à tous nos engagemens. Il y a, tout à la fois, honneur et profit.

Se présenterait-il quelque difficulté à craindre ?... aucune. Les fonds nécessaires, pour un premier appel *au rachat, sont présents* et se renouvellent naturellement, chaque année. Leur emploi *légal* aurait même, aujourd'hui, le mérite particulier de diminuer le *pléthore* dont le Trésor public paraît travaillé et *que la réserve prolongée de ces fonds augmente, sans motif.*

Rien ne peut donc s'opposer à ce que l'on organise, *enfin*, l'exercice *du droit* que la loi de 1825 a conservé à l'amortissement *d'agir sur la rente, au pair.*

Là, je le répète : point de chances à courir : point d'écueils à éviter : point d'obstacles à prévoir.

Voudrait-on supposer, pour pousser l'hypothèse jusques à *l'invraisemblance*, qu'une force majeure pût venir, tout-à-coup, arrêter la marche d'un amortissement qui coûterait à la France 32 *millions, par an* !!... Eh ! bien, *l'appel au rachat* serait momentanément suspendu. Nos créanciers s'en féliciteraient, loin de s'en plaindre, et le crédit n'en souffrirait aucun dommage ; car nous aurions tenu toutes nos promesses ; tandis que la suspension, dans un temps de crise, d'un *remboursement entamé* (si l'on peut appeler ainsi le *simple remplacement d'une dette par une autre, à un intérêt plus faible*), indépendamment de ce qu'il aurait *d'illégal*, entraînerait, de plus, tous les périls dont la prévoyance est déjà justifiée par les événemens qui viennent de se passer sous nos yeux (*a*).

Toutefois, il ne paraît pas que ce premier échec ait nui à son crédit auprès des personnes préoccupées de l'opinion qui s'est établie sur la question *du droit* qu'elles fondent, soit, sur la législation ancienne, soit, sur les dispositions du Code civil.

Il est certain que, si nous pouvions espérer d'avoir dans nos revenus, successi-

---

(*a*) Nota. Relativement à *la réalité* du remboursement, *par la voie de nouveaux emprunts,* on a dit : qu'importe la source des fonds restitués au propriétaire du capital ? ne se trouve-t-il pas complétement désintéressé ? Il y a donc, à son égard, un remboursement *effectif*, tel que la loi de tous les temps l'a autorisé.

Point de difficulté sur ce point : mais n'est-il pas également vrai que le *premier* créancier aurait été *préalablement remplacé par un nouveau prêteur;* qu'ainsi le capital, *prétendu remboursé,* aurait été reconstitué *d'avance ?*

De bonne foi, est-ce là l'idée qu'emporte, *généralement,* le mot *remboursement ?* aurait-il un autre sens *dans la langue classique du crédit ?*

Il faudrait plaindre *l'avenir* d'un pays, chargé d'une dette de quelqu'importance, où cette nouvelle interprétation serait admise.

L'argument irrésistible *des chiffres* et l'expérience de 1789 le prouvent. Que leur oppose-t-on ? *verba et voces....*

vement, ou par des ressources *certaines*, les moyens d'opérer des rembousemens *effectifs*, à des époques déterminées, il y aurait de la folie à nous en contester la faculté. Eh! le *rachat* par la Caisse d'Amortissement, est-il autre chose!...

Mais, où il me semble que l'on s'égare, c'est lorsque l'on prétend faire ressortir de l'ancienne législation, comme de la nouvelle, le droit de déterminer, sans l'aveu de nos créanciers, pour une dette dont les conditions sont réglées par des lois positives et contraires, un nouveau mode de remboursement *à notre convenance*, et de fonder un système qui pût conduire, *à l'aide d'emprunts successifs*, à ne plus avoir, un jour, que du 3 p. %, dont *l'élasticité que l'on vante*, est si favorable *à l'agiotage*, (proclamé, à la vérité, depuis douze ans, comme *l'appui nécessaire du crédit public, dans les gouvernemens modernes*); et tout cela, dans la double vue, d'augmenter, par le remboursement,

la masse des capitaux en circulation, et
de diminuer, *pour la génération présente,*
par le même procédé ou par *la simple con-*
version, le fardeau de la dette; tandis que,
d'un autre côté, on perpétuerait les nouvelles rentes de manière qu'elles pèse-
raient, éternellement, *avec le capital primi-*
tif, sur les générations *futures.*

Or, je demande dans quel code on trouverait ce *droit nouveau* de rejetter *sur l'a-*
venir, la plus forte partie des charges que
nos circonstances ou nos fautes nous auraient imposées ; sans que nous eus-
sions à nous inquiéter, le moins du
monde, de celles que de nouveaux besoins auraient pu y ajouter, avec le temps.
Il semble qu'une semblable combinaison
appartiendrait plutôt au génie de la *spé-*
culation qu'à celui de *l'administration pu-*
blique. Il est pénible de voir une telle doctrine séduire des hommes d'état accoutumés à pousser la délicatesse jusqu'au scru-

pule, dans leurs affaires particulières, et à sacrifier, comme pères de famille, leurs jouissances personnelles, pour assurer et accroître le bien-être de leurs enfans.

Pour rendre mes propositions plus faciles à saisir, je crois devoir les résumer en un projet d'articles :

1.

Chaque année (à partir de 18..) au 1er mars, les rentes inscrites au grand-livre des 5 p. %, *(à l'exception de celles apparnant à la Caisse d'Amortissement, à la Légion-d'Honneur, aux fonds de retraites et aux établissemens subventionnés par le Trésor public),* seront soumises à un tirage au sort, jusqu'au nombre nécessaire pour composer un capital, *au pair, double* de la somme qui se trouvera, à ladite époque, restée sans emploi, à la Caisse d'Amortissement.

2.

Les propriétaires de ces inscriptions

les remettront, dans les six mois suivans, à la Caisse d'Amortissement où ils recevront en échange ; 1° le remboursement, *au pair*, en numéraire, *de la moitié* de la rente. 2° Un certificat du montant de la rente *réduite à moitié*, à laquelle ils continueront d'avoir droit et dont l'inscription leur sera délivrée, au bureau du grand livre. 3° Un bon, sur le Trésor, du *semestre entier* échéant au 22 septembre suivant, de leur rente primitive, lequel leur sera payé au Trésor.

3.

Les nouvelles inscriptions *réduites* ne pourront être soumises, de nouveau, au sort, qu'après que toutes les autres auront été appelées au rachat.

4.

Les *anciennes* rentes *rachetées* seront réinscrites, pour moitié, au grand-livre, au nom de la Caisse d'Amortissement qui en percevra les arrérages, pendant dix années, après lesquelles les 20 millions de rente qu'elle aura rachetés, dans cet intervalle, dans le fonds de 5 p. %, seront annulés et le crédit de la dette publique réduit, d'autant, au budget.

5.

20 Millions des rentes, dont la Caisse d'Amortissement est actuellement propriétaire, constitueront, à partir de 18..., le *fonds de réserve annuel* du budget, pour les dépenses *imprévues*.

6.

Ces 20 millions de rente continueront, néanmoins, d'être versés, chaque année, à la Caisse d'Amortissement, aux époques ordinaires, *sur le crédit général de la dette publique*, en *bons* dont le remboursement devra être opéré, *en numéraire*, par le

Ėtat n° 3.

RÉSULTAT

De l'amortissement au pair , en dix ans, de rentes de 5 francs avec une dotation annuelle de 32 millions.

Année.	DOTATION.	MONTANT Des intérêts annuels des rentes rache- tées au pair.	TOTAL des moyens d'amortisse- ment.	MONTANT des rentes rachetées chaque année.
1837	32,000,000		32,000,000	1,600,000
1838	32,000,000	1,600,000	33,600,000	1,680,000
1839	32,000,000	3,280,000	35,280,000	1,764,000
1840	32,000,000	5,044,000	37,044,000	1,852.200
1841	32,000,004	6,896,200	38,896,200	1,924,810
1842	32,000,000	8,821,010	40,821,010	2,041,055
1843	32,000,000	10,862,065	42,862,065	2,143,303
1844	32,000,000	13,005,368	45,005,368	2,250,268
1845	32,000,000	15,255,686	47,255,636	2,367,781
1846	32,000,000	17,633,417	49,633,417	2,484,670
	320,000,000			20,105,087

RÉSUMÉ.

Capital d'une rente de 20 millions, 5 p. °/₀ . . . . . 400,000,000 fr.

Dépense, *réelle pour le Trésor,* du rachat *au pair,* de la rente de 20 millions, en dix années, par l'amortissement *doté de 32 millions,* par an . . . . 320,000,000 »

Avantage, *au profit des contribuables,* du *rachat* de la rente, sur le *remboursement du capital,* au *pair,* au bout de dix *années* . . . . 80,000,000 »

Nota. On conçoit qu'il n'y a pas lieu de porter en ligne de compte, à la charge de l'amortissement, le produit *des rentes rachetées* qui, complète ses moyens, puisque ce produit n'ajoute rien à la dépense, que, *sans son intervention*, le Trésor aurait également été obligé de faire, pour le *paiement de sa dette.*

OBSERVATION PARTICULIÈRE.

Ce troisième tableau n'a pour objet que d'offrir un exemple qui ne se rattache au travail qu'il accompagne, que par la preuve qu'il donne de l'exactitude de *l'élément principal* de la partie du tableau n° 1, *qui concerne les résultats de l'amortissement,* savoir : *la quantité de rentes de 5 fr. que la dotation actuelle de 32 millions rachèterait,* au pair, *en dix années.*

———